परिवर्तन

प्रमोद की स्मृति

Pramod Kumar

BookLeaf Publishing
India | USA | UK

Made with ❤ on the BookLeaf Publishing Platform
www.bookleafpub.in
www.bookleafpub.com

Dedication

"समर्पित करता हूँ अपनी यह काव्य-संग्रह –उन सभी परिवर्तन भरे लम्हों को,जो कभी आँखों में नमी और दिल में टीस बनकर आये, मगर हर कठिनाई के बाद,नये जज़्बे, भरोसे और उम्मीद की लौ जलायी।

यह किताब - एक आइना है मेरे जीवन के बदलावों का,जिसमें झलकती है हर वह पीड़ा, हर वह ख्वाहिश,जो मुझे मजबूत बनाती गई।

कभी अकेला, कभी बिखरा, कभी सफल, कभी थका...
इन सबके बीच पाया जीवन का असली अर्थ -
हर परिवर्तन में एक नयी शुरुआत छुपी रहती है।
मेरे पाठकों के लिए भी यही संदेश है –
जब-जब जीवन में दुख की घटाएँ छाएँ,
नयी सोच, नयी राहें, और बदलाव को गले लगाएँ,
क्योंकि परिवर्तन में ही जीवन की सुंदरता और विस्तार है।
'परिवर्तन'
तुम्हारे, मेरे, और हम सभी के सफर को समर्पित 🙏🙏
****

Preface

परिवर्तन कविता-संग्रह का प्राक्कथन

"परिवर्तन" केवल एक कविता-संग्रह नहीं, बल्कि मेरे जीवन यात्रा का दस्तावेज़ है, जिसमें हर सुख-दुख, संघर्ष और बदलाव गहरे शब्दों में दर्ज है।

जीवन में आये उन बड़े परिवर्तनों ने मेरे मन को बार-बार झकझोरा, कभी दुख तक पहुँचाया, कभी सोचने पर मजबूर किया, और उन्हीं अनुभवों ने मेरे शब्दों को कविता का रूप दिया। इस पुस्तक की हर कविता जीवन के किसी मोड़, किसी कठिनाई, या किसी नये अनुभव से उपजी है। परिवर्तन से डर या दुख तो सबको होता है, मगर वही दुख हमें आगे बढ़ने की ताकत भी देता है। मेरा विश्वास है कि इन कविताओं को पढ़ते हुए हर पाठक अपना कोई अनुभव, कोई भाव इसमें पाएगा।इस संग्रह का उद्देश्य केवल भावनाओं की अभिव्यक्ति नहीं, बल्कि हर पाठक के हृदय में छुपे परिवर्तन के डर और पीड़ा को रचनात्मक प्रेरणा में बदलना है। आशा है कि मेरे ये शब्द आपके मन को छुएँगे और आप भी जीवन के बदलते रंगों को अपनाने का साहस पाएँगे।सप्रेम,

प्रमोद कुमार

Acknowledgements

इस कविता- संग्रह"परिवर्तन" को समर्पित करते हुए, मैं अपने हृदय से उन सभी व्यक्तियों का आभार व्यक्त करता हूँ जिन्होंने मुझे इस मार्ग पर साथ दिया, प्रेरित किया और इस श्रम में संबल प्रदान किया। हर एक कृति के पीछे उनके आशीर्वाद, स्नेह, और सहयोग का हाथ है जिसने मुझे इस प्रयास को पूरा करने की ऊर्जा दी।मेरे माता-पिता, जिन्होंने मुझमें जीवन का आधार बनाए, मेरे गुरुजनों, जिन्होंने मेरी रचनात्मक यात्रा का मार्गदर्शन किया, तथा मेरे मित्रों ,मेरे विद्यार्थियों और प्रेरक आत्माओं का, जिन्होंने इस प्रयास का उत्साहवर्धन किया। उन सबकी कृतज्ञता अपने शब्दों में व्यक्त करना संभव नहीं, फिर भी इस श्रम में उनका योगदान सदैव स्मरणीय रहेगा।

यह पुस्तक उन सभी के नाम है, जिन्होंने मेरे जीवन को बदलाव की रोशनी दी, और मुझे सिखाया कि परिवर्तन ही जीवन का सत्य है। इस यात्रा में मेरी छोटी-छोटी सफलताओं और असफलताओं के बीच उन्होंने अपने स्नेह और समर्थन का मार्ग दिखाया।मैं अपने इन समस्त शुभचिंतकों का हृदय से धन्यवाद करता हूँ, क्योंकि उनके बिना यह प्रयास अधूरा रहता। मेरी यह कृति उनके मार्गदर्शन और स्नेह का एक श्रद्धांजलि है।

1. कविता ! मेरे लिए क्या है ?

कविता ! मेरे लिए क्या है ?
यह सवाल थोड़ा मुश्किलों से भरा है
कविता, शायद मेरे लिए एहसास हैं।
कविता,शायद मेरे जज्बात है।
या फिर कविता मेरे कुछ सवालात हैं।
वो सवालात..
जिनसे से मैं खुद ही लड़े जा रहा हूं ।
जवाब ढूंढने को ही...
शायद, मैं लिखे जा रहा हूं।
तो तुम ही बताओ कैसे बताऊं कि
कविता मेरे लिए क्या है?
इतना कह सकता हूं ,
कविता मुझसे करवाती ,मेरी ही मुलाकात है।
कहना चाहता हूं जो मैं खुद से कविता मेरी वह बात है।
कविता वह है शायद जो बयां करती सच्चे हालात हैं
ज्यादा ज्ञान नहीं है, मुझ में इतना तो समझ पाता हूं,
जब भी कविता लिखता हूं,
तो अंदर से कुछ खाली हो जाता हूं।
फिर जो दिल में आता है,बस लिखते चले जाता हूं।
कोई कुछ भी कह दे, कविता की परिभाषा में..

कविता में, मै मेरे जज्बात बताता हूं।
कोई पूछता है, कविता ,मेरे लिए क्या है ?
तो मैं सिर्फ खामोश हो जाता हूं,
और फिर से कोई कविता लिखने बैठ जाता हूं ।
कविता ! मेरे लिए क्या है? मैं बता नहीं पाता हूं।

2. सत्य क्या है, किसे पता है।

सत्य क्या है, किसे पता है
जिसके अंदर है ज्वाला
कहते हैं वह हर वक्त चमकता है,
वह सूरज भी चमकने के खातिर
बादलों से हर रोज झगड़ता है
सत्य क्या है,किसे पता है।
छूट जाता है एक पल में वह सब कुछ यहीं
जिसे संजोने की खातिर
इन्सान हर पल संघर्ष करता है,
सत्य क्या है,किसे पता है।
सत्य सपने जैसा है शायद,
जब तक आंखें बंद सब सत्य लगता है,
आंखें खुलते ही सब भ्रम टूटता है,
सत्य क्या है, किसे पता है।
सपने जितना ही जीवन सत्य है शायद,
जब तक सांसे चलती है सब सत्य लगता है
सांसे छुटी तो सब पीछे छूटता है
सत्य क्या है,किस पता है।

3. जरुरत के रिश्ते

मानता हूँ मुमकिन नहीं, यहां हर रिश्ता निभाना
सभी की अपनी मंजिल ,सभी का अपना ठिकाना
जरूरत के हिसाब से इंसान एक-दुसरे के साथ नजर आते है।
जरुरत खत्म तो, रिश्ते भी धीरे धीरे सिमट जाते है।
फिर से नया सफर शुरु, फिर से नये इंसान जिदंगी में आते है।
जरूरतों के हिसाब से,फिर से नये रिश्ते बन जाते है।
जरूरत भी हैं मजबूरी भी है, नये रिश्ते बनाना
क्योंकि सभी की अपनी मंजिल , सभी का अपना ठिकाना।
मानता हूँ मुमकिन नहीं यहाँ हर रिश्ता निभाना
जरूरतों के रिश्तों के दम पर ,हम सब अपनी- अपनी मंजिलों को पा जाते है।
मगर,
जी हाँ मगर
मंजिल पर पहुंच पीछे देखने पर,वो रास्ते ज्यादा खुबसूरत नजर आते हैं।
वो रिश्ते जो जरुरत के लिए बनाए ,वो रह -रह कर याद आते हैं।
दूरियां बढ़ गई उनसे फिर भी वो करीब लगते है।
साथ थे तब लगे ना लगे अब वो ज्यादा अजीज लगते है।
मगर वो साथी,वो रास्ते, अब नजर नही आते है।
याद कर उन लम्हों को हम बड़ा पछताते है।

अपने इस दर्द को, अब किसे है बताना,
सभी की अपनी मंजिल ,सभी का अपना ठिकाना
मानता हूँ मुमकिन नहीं यहाँ हर रिश्ता निभाना I

4. "मूल्यांकन"

मेरे जीवन सबसे कठिन शब्दों में से एक रहा हैं,
मूल्यांकन
मैं ना तो सह पाता हूँ
ना ही कर पाता हूँ किसी का
मूल्यांकन
क्योंकि मूल्यांकन आपका किया जाये तो
मुश्किल
आप किसी का मूल्यांकन करो
वो ओर भी ज्यादा मुश्किल
पर फिर भी गज़ब हैं दुनिया
बड़ी आसानी से कर देती हैं
मूल्यांकन
कपड़ों से औकात का
मिलते ही मुलाक़ात का
घर से हालत का
बातों से ज़ज्बात का
मूल्यांकन .....

5. खूबसूरत पिता

मैला कुर्ता ,फटी धोती,
जूती पैरों में थी कुछ छोटी,
अंगूठा झांक रहा था ,जूती के बाहर,
अपनी चोट पर वो, लपेट था अखबार,
जेठ की दोपहरी में सूरज तिलमिला रहा था ,
ऐसे सख्त मौसम में भी उसका चेहरा,सूरजमुखी सा खिलखिला रहा था,
क्योंकि वो अपने बेटे को बड़ी दुकान पर "अनार का जूस" पिला रहा था ।

6. "माँ"

तुझे महसूस ना होगा वह दर्द,जो एक मां ने झेला है l
उस वक्त पर जब वह तुझे दुनिया में ला रही थी,
उस वक्त पर जब खुद गिले में सो कर ,तुझे सुखे में सुलाती थी,
उस वक्त पर जब तेरी तबियत बिगड़ जाती थी,
उस वक्त पर जब तुझे चोट लग जाती थी ,
उस वक्त पर जब तेरी शिकायत घर पर आती थी,
या उस वक्त पर जब तेरी हार हो जाती थी,
उस वक्त पर जब दुनिया तुझे बुरा भला सुनाती थी,
उस वक्त पर जब तेरे चेहरे पर उदासी आती थी,
ऐसे ना जाने कितने वक्त बेवक्त वो लम्हे रहे होंगे
जब वह दर्द महसूस करती थी l
और आज भी करती हैं ,
उस वक्त जब तुम बिन बताए घर ,देर से आते हो l
उस वक्त बेवजह मां पर चिल्लाते हो l
उस वक्त जब तुम घर से दूर चले जाते हो l
उस वक्त जब तुम बिना सच जाने उसे को दोषी बताते हो l
उस वक्त जब तुम खाना खिलाने का भी एहसान जताते हो I
उस वक्त जब बिना बोले सिर्फ आंख दिखाते हो I
उस वक्त जब वह दर्द में तड़पती रहे,तुम महसूस नहीं कर पाते हो
उस वक्त सब उसके नाम के ताने किसी और को तुम सुनाते हो l

उस वक्त जब तुम उसे घर पर अकेले छोड़ जाते हो ,
और भी होंगे कहीं दर्द जो बाहर नहीं आते हैं
कहते हैं कि मां हम तुम्हें बहुत प्यार करते हैं,
और मदर्स डे पर स्टेटस लगाते हैं 1
फिर कौन है वो लोग जो,
अपनी मां को इतना दर्द दे जाते हैं 1

7. बेरोजगार पापा

ज्यादा मैं समझती नहीं पर,मुझे थोड़ा समझ आता है। मेरे पापा को
सबके मुंह से, बेरोजगार कहा जाता है।
मतलब समझ पाती नहीं,पर इतना समझ आता है,
बेरोजगार शब्द सुनकर ,पापा का चेहरा उतर जाता है।
मैं जब उनकी ओर देखती हूँ, तो मुस्कुराते हैं।
समझ नहीं आती, उनके उदास चेहरे की मुस्कान।
पर इतना समझ आता है,मुस्कान में वो आंसू छुपाते हैं।
यूं तो आती नहीं, हमारे घर बाजार की चीजें।
पर उस दिन पापा, बहुत सी खाने की चीजें लाते हैं।
माँ चिल्लाती है क्या पेड़ लगा है पैसो का ,
पैसे कहाँ से आते है, पापा मंद-मंद मुस्कुराते हैं।
माँ शायद समझती होगी, उनकी मुस्कान का मतलब मुझे उस मुस्कान
के पीछे,जाने क्या दर्द नजर आता है। ज्यादा मैं समझती नहीं पर मुझे
थोड़ा सा समझ आता है।
पसंद नहीं है मुझे, जब मेरे पापा को बेरोजगार कहा जाता है।

8. पापा की लाड़ली

मैंने जब होश सम्भाला , तब मैं पापा की लाडली से पहचानी जाती
थी।
मेरी हर जिद्द , जाने क्यों आसानी से मान ली जाती थी,
मेरी ख्वाहिशें, बिन बोले ही पहचान ली जाती थी l
मै बड़ी हुई ख्वाहिशें धीरे-धीरे कम हो गयी हो गयी,
और फिर धीरे-धीरे ख़त्म हो गयी l
समझ आ गया पापा का दिल अमीर था,
घर तो हमारा आस-पास में सबसे गरीब था I
फिर भी पापा ने बड़े लाड से पाला
घर की हर जिम्मेदारी अच्छे से संभाला ।
जिम्मेदारियों ने पापा को इतना दबा दिया,
वक्त से पहले भगवान ने उनको अपने पास बुला लिया I
अब मुझे ये संसार डराने लगा था,
और घर वालो को मेरा डर सताने लगा था l
पड़ोसियों ने भी इतनी बड़ी बेटी को बोझ बता दिया,
आनन फानन में घरवालों ने मेरा विवाह रचा दिया I
नये संसार में सब अन्धेरा सा नजर आता था,
हर सुबह आखिरी सवेरा नजर आता था I
साल बीते परिवार बढ़ा, पर मेरा अन्धेरा ना छटा,
एक दिन पति पीकर आया

मैनें खाना लगाया, खाना खाते -खाते पति जोर से चिल्लाया
जाने उसे किस बात का गुस्सा आया,
अपने बड़े से पैर को छाती में मेरी चलाया l
मुझे ऐसा लगा आसमान मुझ पर टूट गया,
मेरी आँखों के आगे अंधेरा छा गया ,
इस अन्धेरे में ही मेरी जिन्दगी का अन्धेरा समा गया।

9. रोना कैसा होता है 1

एक आवाज आयी,
कोई औरत जोर से चिल्लायी,
पर वजह मुझे समझ नहीं आयी 1
औरत भागी दौड़ कर एक बच्चे को उठाया,
थोड़ा पुचकारा फिर चॉकलेट से लाड़ लड़ाया 1
मैं मंद मंद मुस्कुराया ...
फिर मैंने सोचा, मुझे क्यों उस बच्चे का रोना समझ नहीं आया 1
शायद रोने की आवाज समय के साथ विकसित हो गयी होगी।
या शायद रोने में, वो रोने वाली बात नहीं रही होगी,
रोना तो पहले होता था...
शाम को गाँव के घरो से बच्चे की रोने की आवाजें आती थी 1
काकी ताई बच्चों की आवाजों से अनुमान लगाती थी,
कि किस-किस के यहां बच्चे रो रहे है,
कौन-कौन अपने बच्चों को डण्डे से धो रहे हैं 1
पर अब वो शाम की आवाजें विलुप्त होती जा रही है
बच्चें रोये ना इसलिए सुख सुविधाएँ दी जा रही है।
बच्चे जैसे तैसे रोते तो है,
बड़े तो रोना ही भूल गए है,
शायद रोने को गोद नहीं मिलती,
शायद सिर रखने को कंधे नहीं मिलते,

शायद भरोसे के लोग नहीं मिलते,
या फिर आंसू आंखों के रास्ते भूल गए,
आ नहीं पा रहे बाहर अन्दर ही कहीं सुख गए।
सच तो यह है,
कि हर शक्ल यहाँ पर रोता है,
जब भी वो तन्हा होता है,
छुप-छुप कर वो भी रोता है,
पर पूछ ले उससे कोई, कि रोए हो ?
तो कहता है...
रोना कैसा होता है।

10. तारीखें

मुझे तारीखें भूल जाना अच्छा लगता था,
ना जाने क्यूँ l
तारीखें याद रखने का मन नहीं कराता था,
शायद बेपरवाही,शायद लापरवाही
या
जान बुझ कर नासमझ बने रहना,
कुछ तो था कि तारीखें याद रखना कभी
जरूरी नहीं लगा l
पर अब अक्सर तारीखें याद रह जाती हैं
जरूरत नहीं हैं,फिर याद आती हैं
शायद वो बेपरवाही, शायद वो लापरवाही
ना रहीं
या फिर दुनियादारी आ गयी....

11. हां मन करता है

हां मन करता है, किसी से रूठ जाऊं,
पर खुद को मनाने वाला कहां से लाऊं,
हां मन कहता है, किसी से गुस्सा हो जाऊं,
पर गुस्सा जताने वाला कहां से लाऊं,
हां मन करता है, किसी पर खूब प्यार लुटाऊं,
पर प्यार लुटाने वाला कहां से लाऊं,
हां मन करता है खामोश हो जाऊं,
क्योंकि खामोश रहने के लिए किसी की जरूरत नहीं l

12. मुझे भूल जाना पसंद है

मुझे भूल जाना पसंद है
हर वह बात,
जो कभी मुझे चुभ गई हो l
हर वह मुलाकात,
जो खूबसूरत ना रही हो l
हर वह जज्बात,
जिसमें कभी तकलीफ रही हो l
मुझे भूल जाना पसंद है
वो दगा,
जो कभी किसी ने मुझे दिया हो
वो गुनाह,
जो अनजाने में किसी से हुआ हो
वो तौहीन,
जो बिना वजह कोई मेरी कर गया हो
मुझे भूल जाना पसंद है l

13. मैं हर बार लौटा फिर ना लौटा आने के लिए

मैं हर बार लौटा फिर ना लौट आने के लिए
क्योंकि मैं नहीं रखना चाहता था कोई भी मलाल
बहाने बनाने के लिए,
नहीं छोड देना था मुझे कोई भी सवाल.
पीछे पूछे जाने के लिए
डर लगता है मुझे बदलाव से
जिसने जाना हैं ,मुझे वो जानते हैं
मैनें शहर बदले कितनी बार
फिर ना लौट आने के लिए.
फिर भी लौटा मैं हर बार फिर ना लौट आने के लिए

14. शायद मैं कम समझदार हूँ

मुझे गलती हो जाने पर उसे छुपाना नहीं आता
मुझे गलत होते देख चुप रह जाना नहीं आता,
मुझे किसी को खुश करने के लिए मुस्कुराना नही आता,
मुझे झूठे दिखाने के लिए आसू बहाना नहीं आता,
वज़ह सीधी सी है, शायद मैं कम समझदार हूँ।
मुझे वक्त से तेज, दिमाग चलाना नहीं आता,
मुझे इन्सानों को बेवक़ूफ़ बनाना नहीं आता,
मुझे वर्षों आगे तक की योजनाएँ बनाना नहीं आता,
मुझे किसी के लिए साजिशें रचना नहीं आता,
वज़ह सीधी सी है शायद मैं कम समझदार हूँ।
मुझे लोगों को झूठे ख़्वाब, दिखाना नहीं आता,
मुझे लोगों को बातों में उलझाना नहीं आता,
मुझे अनहुई कहानियाँ सुनाना नहीं आता,
मुझे मतलब निकल जाने पर, नजरे चुराना नही आता,
वज़ह सीधी सी है शायद मैं कम समझदार हूँ।
ऐसी ना जाने कितनी ही वजहें होगी__
जो बता सकती है कि शायद मैं कम समझदार हूँ।
पर क्या कर मुझे वो वजहें गिनाना नहीं आता
बात सीधी सी है शायद मैं कम समझदार हूँ।

15. दोहरा मन

इसांन मैं एक ही हूँ, मेरे हजारों स्वरूप है 1
अच्छे बुरे के साथ जाने, मेरे कितने रुप है
मेरे अन्दर ही इन्सानियत भरी है जगभर की,
मेरे ही अन्दर खतरनाक शैतान मौजूद है1
इसांन मैं एक ही हूँ, मेरे हजारों स्वरूप है 1
मेरा ही मन है जो दूसरों की तकलीफ देख नहीं पाता,
मेरा ही मन दुसरों की तकलीफ की वजह बन जाता है 1
मेरा ही मन है जो सब की खुशी चाहता है
मेरा ही मन किसी को ज्यादा खुश देख उदास हो जाता है।
मेरा ही मन सुकून और शान्ति चाहता हैं,
मेरा ही मन जो भयंकर उत्पात मचाता है।
मेरा ही मन है जो समाज में बदलाव चाहता है
मैं ही हूँ जो कुछ गलत होते देख, बोल नहीं पाता है।
मेरे ही अंदर कितने इसांन छुपे है,
इसांन कहना ही गलत है शायद ,शैतान छुपे है।

16. खुशियों के बाजार

खुश होना और खुश दिखना दोनों अलग-अलग बातें हैं,
किसी को खुशी मिल जाती है बेवजह, कुछ खुशी खरीदने बाजार
जाते हैं।
खुशी का व्यापार बढ़ता जा रहा है दिन- ब- दिन,
जो सालों से खुश नहीं हुए वह खुशियों का बाजार लगाते हैं।
खुशनुमा चेहरे देखकर भ्रम में ना रहना मेरे दोस्त
बहुत से इंसान खुशनुमा दिखने वाले मुखौटे लगाते हैं।
खुशी की कीमत बता पाना बड़ा मुश्किल है,
मैंने देखा है इंसानों को खुशियों की सौदेबाजी करते,
पर मैं खुशियों के भाव को समझ नहीं पाया,
कुछ इंसान बेशुमार दौलत लुटा कर खुश नहीं रहते
कुछ इंसान सस्ते में ही खुश हो जाते हैं।
ये जो चेहरे देखते हो आप, दुनिया के बाजारों में,
ये सब वही चेहरे है जो हर सुबह खुशी की तलाश में निकलते हैं।
पर शाम होते-होते निराश हो जाते हैं,
पर फिर भी हार नहीं मानते अगली सुबह
फिर खुशी खरीदने निकल जाते हैं।

17. एक अनजान शहर

एक अनजान शहर से जाने, कब इतनी पहचान हो गयी।
अंजान सी थी जो इमारतें अब वो हमारे लिए मकान हो गयी।
मकान धीरे-धीरे घर बना
आसपास भी हमारी एक पहचान हो गयी।
एक अनजान शहर से जाने कब इतनी पहचान हो गयी ।
बड़े- बूढ़े, बच्चे सब हमें जानने लगे
हमारे नाम से उधार मिल जाए, ऐसी कई दुकान हो गयी।
एक अनजान शहर से जाने, कब इतनी पहचान हो गयी।
कुछ लोग इतने खास हो गए
दिल के वह सचमुच पास हो गए
न मिटने वाला वह एहसास हो गए
कह सकते हैं कि उनसे हमारी जिंदगी आसान हो गयी।
एक अनजान शहर से जाने कब इतनी पहचान हो गयी।
कुछ बहुत प्यारे बच्चें मिले
उदास हुए तो उनको देखकर चेहरे खिले ।
हमने कुछ उन्हें समझाया,
उन्होंने हमें बहुत सीखलाया,
जब उदास होते तो उन्होंने खूब मन बहलाया ।
खुशियों में शामिल रहे तकलीफ में भी साथ निभाया ।
हमारी तकलीफों में उनको भी रोना आया ।

उनके दर्द को देखकर चुपके से हमारी आंखें भी रो गयी
एक अनजान शहर से जाने कब इतनी पहचान हो गयी।

18. वो अजनबी अहसास

अतीत की लड़ाई वर्तमान में लड़ी जा रही हैं,
पर यह बात कहाँ किसी को समझ आ रही है1
समझ पाना मुश्किल नहीं है,पर समझाना मुश्किल है,
जो रहा ही नहीं अब, उसे दिखाना मुश्किल है,
जो खुद को भी ना मालूम, वो कहाँ दबा है,
उसे किसी ओर के सामने लाना मुश्किल है।
अहसास खत्म हो जाते है सब, तब उसका अहसास होता है 1
कैसा है वो अजनबी अहसास, किसी से भी बताना मुश्किल है 1
अगर यूँ ही बढ़ता गया इस अहसास का असर,
तो शायद वहां से वापस लाना मुश्किल हैं।
अतीत की लड़ाई वर्तमान मे लड़ी जा रही है,
यह यकीन दिलाना मुश्किल है।

19. 'यूं ही'

एक सवाल पूछा मैंने खुद से
'यूं ही'
'यूं ही' का सही मतलब क्या होता है?
आसान था, मैंने कह दिया
'यूं ही' मतलब 'यूं ही ',
पर बोलकर सोचा ,
'यूं ही 'का मतलब सिर्फ 'यूं ही 'नहीं होता
जब कोई कहता है 'यूं ही' तो उसमें अनेक भाव छुपे होते हैं l
कुछ कहे, कुछ अनकहे भाव,
कुछ ना समझे से भाव
कुछ कहे न जाने वाले भाव l
क्योंकि कि थी बात उनसे?
'यूं ही '
क्यों की थी मुलाकात उनसे?
'यूं ही '
चेहरे पर यह हंसी क्यों है ?
'यूं ही '
आज यह उदासी क्यों है ?
'यूं ही '
आंखों में आंसू क्यों है ?

'यूं ही '

ऐसे जाने कितने 'यूं ही 'कह जाते हैं,
'यूं ही' कहकर 'यूं ही 'चले जाते हैं ।

पर क्या सच में उसे 'यूं ही' को कोई समझना चाहता है ?
या शायद कहने वाले समझाना नहीं चाहते हैं ,
इसलिए कितने 'यूं ही' सिर्फ 'यूं ही' रह जाते हैं।

20. आजकल की मुस्कुराहट

आजकल की मुस्कुराहट भी कमाल की लगती है1
आमतौर पर लोगों के चेहरे पर दिखाई नहीं देती 1
आती भी है तो कुछ खास अवसरों पर नजर आती हैं 1
मानो मुस्कुराहट ने अवसरवादी चोला पहन लिया हो,
किसी अजनबी से मिलना हो तो मुस्कुरा कर,
किसी को खुश रखना हो तो उनकी हर बात पर मुस्कुराहट,
और एक विशेष अवसर आ गया है,मोबाइल सेल्फी
जी हां, मोबाइल सेल्फी की मुस्कुराहट तो गजब होती है।
सिर्फ एक क्लिक के जितनी देर चेहरे पर फिर अचानक से गायब।
सेल्फी के बाद उस शख्स को देखकर आपको ऐसा लगेगा कि यह
शख्स तो बेचारा सदियों से ना मुस्कुराया हो 1
वो बस एक मिनट की मुस्कुराहट आजकल सबसे ज्यादा प्रचलन में है।
अब सोचते हैं कि मुस्कुराहट के वजूद को कैसे बचाएं
क्या इसके लिए भी कोई सरकार विरोधी आंदोलन लाए।

21. स्थिर हो जाना या फिर दौड़े जाना

स्थिर हो जाना या फिर दौड़े जाना
बड़ा उलझा सा देता है यह प्रश्न की क्या सही है क्या गलत
जब मुझे याद आता है रेलगाड़ी का वह सफर
जब मैंने ट्रेन और एक बड़े बिजली के खंबे की बातें चुपचाप सुन थी।
ट्रेन बड़ी रफ्तार से बड़ी उदास दौड़ी जा रही थी
उदास खड़े बिजली के खंभे की आंखें मुस्कुरा रही थी
ट्रेन ने दौड़ते- दौड़ते पूछा क्यों मुस्कुरा रहे हो ?
खंबे ने कहा तुम क्यों दौड़ी जा रही हो?
ट्रेन बोली दौड़ना मेरी मजबूरी है,
नहीं दौड़ी तो कबाड़ में चली जाऊंगी
जाने किस किस रूप में बाटी जाऊंगी।
खंबा स्थिर तो था, शांत भी हो गया 1
अपनी ही विचारों में कहीं खो गया
वह क्या सोचता था कि कितने मजे से दौड़ी जाती है,
दिन में जाने कितने -कितने शहरों के चक्कर लगाती है,
जान कैसी कैसी सवारियो की बातें सुन पाती है,
कहीं प्यार, कहीं हंसी, कहीं झगड़े की आवाजे आती है
मजे में है इसीलिए दौड़ी जाती है 1
सहसा खंबे को होश आया

अबकी बार वह थोड़ा कम मुस्कुराया और बोला,
लोगों के साथ चलने में मजा तो आता होगा?
ट्रेन में कहा हां, कभी-कभी तो आता है
पर यह मजा अधिकतर बोझ बन जाता है
मेरी क्षमता से ज्यादा इंसान मुझपे चढ़ जाते हैं
लड़ते हैं, झगड़ते हैं ,गंदगी फैलाते हैं
मेरे हालत मुझसे ही देखी नहीं जाती हैं
पर मेरे हालात कहां लोग समझ पाते हैं।
इतनी बातें सुनकर खंबा उदास हो गया,
बिना आंसुओं के वह निर्जीव भी रो गया,
जो सोचता था रफ्तार में आनंद है 1
अब वह स्थिरता के विषय पर सो रहा था
इतने में ट्रेन ने उसे सोच से बाहर निकाला
और पूछा क्यों तुम सुनाओ तुम तो मजे में रहते हो?
कहीं आना नहीं कहीं जाना नहीं एक जगह खड़े रहते हो,
खंबे ने कहा नहीं स्थिरता में कहां आनंद है
सालों से यहां खड़ा हूं ,
जाने कितने साल यूं ही ओर खड़ा रहूंगा ,
अपनी तकलीफे जाने कितने साल यूं अकेला ही सहूँगा 1
ना कोई बात करता है ना कोई पास आता है,
मेरा दर्द भला कौन समझ पाएगा,
डरते हैं सब, क्या कोई मेरे पास आएगा 1
खंबे की बातें सुन ट्रेन स्थिर हो गयी,
खंभे की तकलीफों में वह भी कहीं खो गयी,
तभी अचानक चिल्लाने की आवाज आने लगी 1
ट्रेन क्यों रुक गई जोर-जोर से शोर मचाने लगे 1
ट्रेन और खंबे ने एक दूसरे की ओर देखा,

और आंखों ही आंखों में पूछा
क्या सही है ?
स्थिर हो जाना या फिर दौड़े जाना

www.ingramcontent.com/pod-product-compliance
Lightning Source LLC
La Vergne TN
LVHW011045061026
849535LV00011BA/4078
* 9 7 8 1 8 0 7 1 5 9 5 4 2 *